Bibliografische Information der Deutschen Nationalbibliothek:

Die Deutsche Bibliothek verzeichnet diese Publikation in der Deutschen National-
bibliografie; detaillierte bibliografische Daten sind im Internet über http://dnb.d-
nb.de/ abrufbar.

Impressum:

Copyright © 2005 GRIN Verlag, Open Publishing GmbH
Druck und Bindung: Books on Demand GmbH, Norderstedt Germany
ISBN: 9783638597999

Dieses Buch bei GRIN:

http://www.grin.com/de/e-book/49856/ausfuehrung-einer-ueberholungsbeschich-
tung-an-einer-zaunlatte-unterweisung

Ingo Niederreither

Ausführung einer Überholungsbeschichtung an einer Zaunlatte (Unterweisung Maler / -in und Lackierer / -in)

GRIN Verlag

GRIN - Your knowledge has value

Der GRIN Verlag publiziert seit 1998 wissenschaftliche Arbeiten von Studenten, Hochschullehrern und anderen Akademikern als eBook und gedrucktes Buch. Die Verlagswebsite www.grin.com ist die ideale Plattform zur Veröffentlichung von Hausarbeiten, Abschlussarbeiten, wissenschaftlichen Aufsätzen, Dissertationen und Fachbüchern.

Besuchen Sie uns im Internet:

http://www.grin.com/

http://www.facebook.com/grincom

http://www.twitter.com/grin_com

Unterweisungsunterlage zur Meisterprüfung Teil IV

Daten des Prüfungsteilnehmers:

Name, Vorname:

Adresse:

Prüfungstag: Montag, 25.07.2005
Prüfungsort: Akademie der HWK für Schwaben

Prüfungsnummer: _____

Thema der Unterweisung:

Ausführung einer Überholungsbeschichtung an einer Zaunlatte

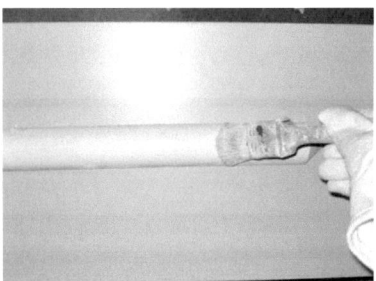

Erklärung des Prüfungsteilnehmers:

Die nachfolgende Unterweisungsunterlage umfasst die Seiten 1 bis 6

Ich erkläre hiermit, dass ich diese Unterweisungsunterlage selbständig erstellt habe.

_____   _____
Ort, Datum   Unterschrift

Inhaltsverzeichnis

I. Vorbemerkungen zur Ausbildungssituation

Stand des Lehrlings in der Ausbildung, sowie theoretische und praktische Kenntnisse

Der Auszubildende befindet sich am Anfang des 2. Ausbildungsjahres im Ausbildungsberuf Maler und Lackierer.

In der vergangenen Woche wurden ihm in der Berufsschule bereits die wesentlichen Applikationsverfahren (Beschichtungen) und die dazu nötigen *theoretischen* Kenntnisse der Untergrundvorbehandlung aufgezeigt.

Der Auszubildende verfügt durch die Arbeit im Betrieb ebenfalls über die nötigen *praktischen* Kenntnisse der Untergrundvorbehandlung (Schleifen) von Holz.
Darüber hinaus zeigte sich der Auszubildende sehr interessiert und erbrachte bisher gute Leistungen.

II. Ausbildungsmittel

Zur Durchführung werden folgende Arbeits- und Hilfsmittel benötigt:

► Zaunlatte
► feines Schleifpapier (Körnung P 120)
► Staubbesen
► Abdeckfolie
► Sicherheitshandschuhe
► Lackierpinsel
► Ventilationslack

III. Grundlagen der Unterweisung

Auszug aus der Verordnung über die Berufsausbildung
im Maler- und Lackierergewerbe

8	Herstellen, Bearbeiten, Behandeln und Gestalten von Oberflächen (§ 5 Nr. 12)	a) Oberflächen durch Erst-, Erneuerungs- und Überholungsbeschichtungen mit festen, pastosen oder flüssigen Stoffen herstellen b) Oberflächen mit Mustern, Werkzeugstrukturen und durch Beschichtungsstoffe gestalten c) Schriften und Symbole nach Vorgabe umsetzen d) Metallische Applikationen herstellen e) Oberflächen pflegen und konservieren f) Instandhaltungs- und Instandsetzungsarbeiten durchführen	13

IV. Unterweisungsmethode

→ **Vier-Stufen-Methode**

1. Stufe: Vorbereitung des Auszubildenden

Was mache ich?	Wie mache ich es?	Warum mache ich es?
Begrüßung des Auszubildenden	Freundlich begrüßen und nach dem Befinden fragen.	Um ins Gespräch zu kommen und Hemmungen zu beseitigen.
An schulischen, praktischen und sonstigen Kenntnissen anknüpfen	Ich erkundige mich nach dem schulischen Kenntnisstand des Auszubildenden.	Um mögliche Unklarheiten aus der Welt zu schaffen.
Sinn, bzw. Ziel der Unterweisung erklären und den Auszubildenden motivieren.	Der Auszubildende kann nach der Unterweisung deckend und gleichmäßig eine Überholungsbeschichtung an einer Zaunlatte ausführen. Ich erkläre dem Auszubildenden, dass das der Grundstein des Lackierens ist und dass ihm dadurch ein weites Spektrum an wichtigen Tätigkeiten geöffnet wird.	Um die Aufmerksamkeit des Auszubildenden zu erreichen und sein Interesse zu wecken.
Unfallverhütung	Ich weise den Auszubildenden auf mögliche Gefahren hin.	Um die Sicherheit am Arbeitsplatz zu gewährleisten.
Umweltschutz	Ich weise den Auszubildenden auf Entsorgungsmöglichkeiten hin und was entsorgt werden muss.	Um den Natur- und Umweltschutz zu gewährleisten.

2. Stufe: Vormachen und Erklären durch den Ausbilder

Was mache ich?	Wie mache ich es?	Warum mache ich es?
Unterweisungsplatz vorbereiten und Arbeitsmittel bereitlegen, spezielle Arbeitsmittel beschreiben.	Folgende Arbeitsmittel geordnet ausbreiten und zu speziellen ein paar Worte sagen: ► Zaunlatte ► feines Schleifpapier (Körnung P 120) ► Staubbesen ► Abdeckfolie ► Sicherheitshandschuhe ► Lackierpinsel ► Ventilationslack	Damit der Auszubildende die Arbeitsmittel versteht und kennen lernt.
Dem Auszubildenden einen kurzen Überblick geben, was zu tun ist.	Ich erkläre, dass wir einen Überholungsanstrich an der Zaunlatte anbringen müssen.	Sinn und Zweck der Unterweisung.
Schutzhandschuhe anziehen und Oberfläche der Zaun-	Ich nehme das Schleifpapier und raue die Oberfläche der Zaunlatte mit mehrmaliger Auf- und Abbewegung, bzw. Hin- und Herbewegung auf.	Um einen späteren besseren Halt der folgenden Beschichtung zu gewährleisten.
Schleifstaub mit Staubbesen entfernen.	Um den Schleifstaub zu entfernen, nehme ich den Staubbesen und kehre ein paar mal über die Zaunlatte.	Untergrund muss staub- und schmutzfrei sein, um wiederum einen späteren, besseren Halt der folgenden Beschichtung zu gewährleisten.
Eintauchen des Lackierpinsels in den Ventilationslack.	Ich tauche die Spitzen des Lackierpinsels in den Ventilationslack und streife ihn ohne viel Druck am Rand des Lackbehälters ab.	Eintauchen: ► um Lack aufzunehmen. Abstreifen: ► um Tropfen des Pinsels und Verschmutzung der Umgebung zu vermeiden.
Gleichmäßige Verteilung des Lackes auf der Oberfläche der Zaunlatte.	Ich trage den Lack über den Pinsel ohne viel Druck mit Auf- und Abbewegungen gleichmäßig auf die Oberfläche der Zaunlatte auf. Wenn nötig, Pinsel nochmals eintauchen und Vorgang wiederholen.	Um eine vollständige und gleichmäßige Beschichtung der Oberfläche der Zaunlatte zu erreichen.

Überprüfen der neuen Beschichtung.	Ich stelle optisch und durch leichtes drehen der Zaunlatte fest, ob jede Stelle der Oberfläche beschichtet wurde.	Um zu kontrollieren, ob das Ziel, also eine vollständige und gleichmäßige Oberflächenbeschichtung erreicht wurde.
Mögliche Fragen des Auszubildenden klären.	Ich frage, um den Kenntnisstand des Auszubildenden zu erfahren, ob er alles verstanden hat. Mögliche Unklarheiten können so von mir beseitigt werden.	Um sicher zu stellen, dass der Auszubildende alles verstanden hat.

3. Stufe: Ausführungsversuche machen lassen

► Ich nehme jetzt die nächste Zaunlatte zur Hand, gebe sie dem Auszubildenden und bitte ihn darum, die Übung zu wiederholen. Dabei kann ich sehen, ob er die richtige Reihenfolge und die wichtigsten Kernpunkte verstanden hat.

► Während der Wiederholung des Unterweisungsvorganges lasse ich mir von dem Auszubildenden die einzelnen und wichtigsten Arbeitsschritte erklären und begründen, um feststellen zu können, ob auch theoretisch alles verstanden wurde.

► Wenn nötig, werde ich bei Problemen Hilfestellung leisten und die bislang korrekt ausgeführten Punkte anerkennen.

► Um den Auszubildenden zu motivieren, werde ich ihn nach Beendigung seiner Arbeit angemessen loben.

► Falls immer noch Fragen auftauchen sollten, werde ich diese natürlich beantworten.

4. Stufe: Üben und Festigen des Gelernten

► Ich bitte den Auszubildenden nun, die Arbeit nochmals zu wiederholen und erkläre ihm dabei, dass der Arbeitsvorgang nur durch häufiges Wiederholen und Üben zu festigen ist.

► Während des Arbeitsvorganges halte ich Abstand zum Auszubildenden, damit er sich allein mit dem Thema auseinandersetzen kann.

► Nach Fertigstellung der Arbeit werde ich zusammen mit dem Auszubildenden die Übung kontrollieren und analysieren, um Arbeitsgenauigkeit und -schnelligkeit festzulegen.

► Ich weise den Auszubildenden darauf hin, dass die Unterweisung in das Berichtsheft einzutragen ist.

► Ich bedanke mich bei dem Auszubildenden für seine Mitarbeit, mache ihm klar, dass er sich bei Fragen immer an mich wenden kann und verabschiede mich von ihm.